# Lola Montez
## zu Besuch in Ebersdorf/Reuß

mit Beiträgen von Erwin Kressner,
Alfred Meißner und Lola Montez
über die Ereignisse im Jahr 1843
während des Besuchs der spanischen Tänzerin Lola Montez
beim Grafen Heinrich 72. Reuß in Ebersdorf

zusammengestellt, bearbeitet und herausgegeben
von

Heinz-Dieter Fiedler

© Heinz-Dieter Fiedler
Herstellung und Verlag: BoD - Books on Demand, Norderstedt.
ISBN: 9783744889643

Inhalt:

## Einführung : Lola Montez

Sie war eine der bekanntesten und interessantesten, aber auch umstrittensten Frauen des 19. Jahrhunderts. Künstler, Offiziere, Studenten, selbst Fürsten und Könige machten ihr den Hof. Andere sahen in ihr eine egoistische Hochstaplerin, unverschämte Lügnerin und prunksüchtige Mätresse.
Als „spanische Tänzerin Lola Montez" bereiste sie viele Länder. Noch klangvoller ist ihr vollständiger Name: María Dolores de Porris y Montez. Dabei hieß sie eigentlich Elizabeth Rosanna Gilbert und wurde in Irland geboren.
Ihr skandalumwitterter Ruf reicht bis in die heutige Zeit. Die Anzahl der Veröffentlichungen, die sich mit ihr befassen, geht in die Hunderte. Zeitungen und Zeitschriften haben über sie berichtet. Wissenschaftliche ebenso wie unterhaltsame Bücher wurden geschrieben. Ihr Leben wurde verfilmt, es lieferte den Stoff für Theaterstücke und Musicals. Schon zu Lebzeiten wurde Lola Montez zum Mythos und Sinnbild für weibliche Verführungskunst. Mit ihrem ungenierten und emanzipierten Auftreten und ihren vielen Affären schockte sie die bessere Gesellschaft.
Ihr Leben ist in einen Schleier von Geheimnissen gehüllt. Sie selbst hat dazu ganz wesentlich beigetragen und verdankt diesem Umstand einen großen Teil ihres Erfolges. Rätselhaft waren nicht nur Name und Herkunft. Selbst zu ihrem Geburtsjahr gibt es unterschiedliche Angaben: Verschiedene Lexika nennen 1818 als Jahresjahr, auf ihrem Grabstein in Brooklyn steht 1819. Montez-Biograf Reinhold Rauh hat sich für 1820/21 entschieden. Lola selbst nannte in ihren Vorträgen über Schönheitspflege 1824 als Jahr ihrer Geburt. Als wahrscheinlichster Geburtstag gilt jedoch der 17. Februar 1821, den der amerikanische Historiker Bruce Seymour recherchiert hat.
 Lola Montez verschleierte nicht nur Geburtsdatum und Herkunft, sondern große Teile ihres Lebenslaufes und erfand für sich nach und nach eine neue Identität. Zur Verwirrung trugen – auch Dank mehrerer Ehen – ihre verschiedenen Namen bei. Lola Montez log ohne die geringsten Skrupel. Sie verstand es durchaus, sich

Geltung zu verschaffen und scheute auch nicht davor zurück, ihrem Willen mit Peitschenhieben Nachdruck zu verleihen. Wutausbrüche und Gewalt gegen Männer und Frauen sorgten für manchen Skandal, brachten Lola vor Gericht oder zwangen zu übereilter Abreise.

Lola Montez wurde nur etwa 40 Jahre alt. Es war ein unstetes, sehr bewegtes Leben, gekennzeichnet von Höhen und Tiefen, Erfolgen und Demütigungen.

Fast alles, was über Lola Montez zu lesen ist, sollte man mit Skepsis betrachten. Zu unsicher sind die Quellen. Zu verschieden sind die Bilder, die von dieser Frau gezeichnet werden. Sicher ist allerdings, dass Lola Montez den kleinen Ort Ebersdorf in Thüringen besuchte und dort Gast des regierenden Fürsten Heinrich 72. Reuß zu Lobenstein und Ebersdorf war. Dieser Besuch dauerte zwar nur wenige Tage und stellte in dem aufregenden Leben der Lola nur eine kleine Episode dar. Er ist jedoch schon deshalb von Bedeutung, weil es das erste Auftreten Lolas in Deutschland war. Lolas Anwesenheit in Ebersdorf ist aber so ziemlich das einzige, worüber sich Roman-Autoren und Historikern einig sind. Ansonsten findet man, wie meist bei Lola Montez, recht unterschiedliche und oft widersprüchliche Angaben. Das beginnt bereits mit der Jahreszahl des Besuches, die mit 1843, 1846 oder auch1848 angegeben wird. Ebenso schwankt die Angabe der Länge des Aufenthaltes in Ebersdorf zwischen 4 Tagen und einigen Wochen. Und noch viel mehr gehen die Meinungen auseinander über die konkreten Umstände des Besuches und die Gründe für Lolas ziemlich plötzliche Abreise. Wie es damals in Ebersdorf tatsächlich war, wird sich wohl nie völlig aufklären lassen, und in diesem Buch wird auch gar nicht erst der Versuch einer Aufhellung unternommen.

Statt dessen sollen hier - nach einer Kurzbiografie von Lola Montez - drei ausführlichere Beschreibungen dieses Besuches wiedergegeben werden.

Da ist zunächst ein Bericht von Generalmajor Erwin Kressner über seine Erlebnisse in Ebersdorf als 10jähriger Knabe –

niedergeschrieben in seinem Buch „Aus österreichischer Kadetten- und Leutnantszeit", 1902.

Diesen Bericht kann man durchaus als authentisch bezeichnen – mit der Einschränkung, dass der Verfasser zur Zeit der Ereignisse 10 Jahre alt war und seine Erlebnisse 50 Jahre später niedergeschrieben hat.

Einen weiteren Bericht über Lolas Ebersdorf-Besuch findet man unter dem Titel „Aus dem Leben eines kleinen deutschen Fürsten" in dem Buch „Charaktermasken" von Alfred Meißner, 1851. Obwohl relativ zeitnah verfasst, berichtet der Verfasser offensichtlich nicht aus eigenem Erleben, sondern gibt lediglich von verschiedenen Seiten Gehörtes wieder.

Der dritte Beitrag ist ein Auszug aus den 1851 erschienenen Memoiren von Lola Montez, veröffentlicht in der Zeitung „Gartenlaube". Obwohl von Lola selbst verfasst, sind auch hier Zweifel durchaus angebracht. Lola nahm es bekanntlich mit der Wahrheit nicht so genau, und wollte sich selbst natürlich gern in einem positiven Licht erscheinen lassen.

Als viertes gibt es noch eine kurze Bemerkung des reußischen Hofrates Singer zum Besuch der Lola in Ebersdorf.

## Lola Montez - Kurzbiografie

Eliza Gilbert wird in Grange in Irland als Tochter einer Näherin und eines Fähnrichs geboren. Als sie zwei Jahre alt ist, geht die Familie nach Indien. Schon wenige Wochen nach der Ankunft stirbt der Vater an der Cholera. Kurze Zeit später heiratet Elizas Mutter wieder, einen Kolonialoffizier. Eliza wird im Alter von fünf Jahre nach Großbritannien zurückgeschickt. Sie wohnt bei Verwandten und in einem Internat. Eliza lernt früh, ihren eigenen Weg zu gehen. Als sie mit 16 den 64jährigen Sir James Rutherford Lumley heiraten soll, brennt sie durch und heiratet den britischen Leutnant Thomas James. Mit ihm zieht sie abermals nach Indien. Aber schon nach zwei Jahren trennt sie sich von James und kehrt nach Europa zurück.

In London und in Spanien lässt sie sich als Tänzerin ausbilden und nennt sich von nun an Maria Dolores de Porris y Montez. Dank ihrer Erziehung und der bisherigen Wohnorte in verschiedenen Ländern kann sie sich in mehreren Sprachen verständigen. Geschickt nutzt sie die Spanien-Begeisterung ihrer Zeit und schlüpft in die Rolle der spanischen Tänzerin Lola Montez. Zunächst in London, später auch  in verschiedenen deutschen Ländern, in Polen, Russland und Frankreich tritt sie mit unterschiedlichem Erfolg als Tänzerin auf. Sie wird von den Männern umschwärmt und verkehrt mit den Spitzen der Gesellschaft. Ihr respektloses Verhalten sowie ihre zahlreichen Affären, u.a. mit Franz Liszt in Dresden, führen jedoch immer wieder zum Skandal. Häufig muss sie nach wenigen Auftritten die Stadt oder das Land fluchtartig verlassen. In Preußen wird sie wegen Misshandlung eines Polizisten zu 14 Tagen Arrest verurteilt und anschließend ausgewiesen.

Berühmt wird Lola Montez durch ihre Affäre mit dem bayerischen König Ludwig I. in den Jahren 1846 bis 1848. Sie trifft im Oktober 1846 in München ein und bittet um eine Audienz bei König Ludwig I., der ihr einen Auftritt im Hoftheater ermöglichen soll. Der 60jährige König ist von der schönen und temperamentvollen Tänzerin hingerissen und macht sie zu seiner Mätresse.  Obwohl Ludwig sie zur Gräfin von Landsfeld adelt, benimmt sich Lola auch in München nicht so, wie man es von einer Dame erwartet. Sie lässt sich von ihrem Zorn hinreißen, verteilt Ohrfeigen und Schläge mit der Reitpeitsche. Da sie den König auch in politischen Dingen beeinflusst, kommt es zu einem Aufstand der Münchner Bürger und Studenten im Februar 1848. Das führt zur Vertreibung Lolas aus München und zur Abdankung Ludwig.

Lola Montez reist nun wieder als Tänzerin durch Europa, u.a. nach Genf, London, Frankreich, Spanien und Belgien – wiederum begleitet von den verschiedensten Ärgernissen und Skandalen. 1849 heiratet sie in England den Gardelieutenant Heald, trennt sich aber schon wenige Monate später wieder von ihm. 1852 geht sie nach Amerika und tritt in mehreren Bundesstaaten als Tänzerin auf. Dort beginnt sie zugleich eine neue Karriere als Schauspielerin. Sie spielt sich selbst. Mit ihrem Programm „Lola Montez in Bavaria" reist sie durch das Land. Eine längere Australien-Tournee mit diesem Programm schließt sich an. Als ihrer Tanz- und Schauspielkunst mehr und mehr der Erfolg versagt bleibt, betätigt sie sich – nach den USA zurückgekehrt – als Schriftstellerin und hält Lesungen und Vorträge. Sie schreibt ihre Memoiren – in mehreren, stark voneinander abweichenden Fassungen. 1858 erscheinen ihre Bücher „The Arts of Beauty" zu Fragen der Hygiene und Schönheitspflege und „Anecdotes of Love".

Lola Montez hat in Amerika noch einmal geheiratet, den Zeitungsredakteur Hull, aber auch von ihm trennt sie sich bald wieder. Danach ist sie einige Zeit mit einem deutschen Arzt zusammen.

Lola Montez stirbt  nach längerer Krankheit 1861 in New York.

Lola Montez, Daguerreotypie (1851)

**Generalmajor Erwin Kressner über seine Erlebnisse in Eberdorf als 10jähriger Knabe – niedergeschrieben in seinem Buch „Aus österreichischer Kadetten- und Leutnantszeit", 1902**

Die älteste Erinnerung, die ich an mein Vaterhaus und meine Heimat habe, hängt mit einem Ereignis zusammen, das jene friedlichen Stätten im Sommer des Jahres 1846 bewegte, in große Aufregung versetzte.

Es war dies das erste Auftreten der vielberühmten oder vielberüchtigten Abenteurerin Lola Montez, nachmaligen bayerischen Gräfin Landsfeld, in Deutschland.

Nur wenigen Menschen ist seinerzeit etwas von diesem Debüt bekannt geworden und heute dürften noch wenigere davon etwas wissen.

Aufzeichnungen, oder Beschreibungen desselben sind - meines Wissens - nie gemacht worden, auch erwähnen die Memoiren der Dame nichts davon, eben so wenig unsere Konversationslexika.

Das von F. A. Brockhaus, hier die ergiebigste Quelle, sagt: „Montez (Lola), eine durch ihre Abenteuer bekannte Tänzerin, geboren 1820 zu Montrose in Schottland, als die uneheliche Tochter eines schottischen Offiziers, namens Gilbert, und einer Kreolin. Ihre Mutter heiratete später und erzog ihre Tochter teils selbst, teils ließ sie dieselbe in einem Pensionat zu Bath erziehen. Lola vermählte sich mit einem jungen Offizier, Namens James, dem sie aber, nachdem sie eine Zeitlang mit ihm in Ostindien gelebt, wieder entlief. Sie trieb hierauf längere Zeit in England ein buntes Leben und tauchte später als Abenteurerin in Paris und Brüssel auf, wo sie bei Gelegenheit eines berüchtigten Duellprozesses eine gewisse Celebrität erlangte. 1846 kam sie nach München und trat hier als spanische Tänzerin auf."

Wie, aus welcher Veranlassung Lola Montez von Brüssel nach München, somit nach Deutschland kam, hiervon erfährt man also nichts.

Nun, mir ist dieses „Wie" bekannt geworden und unauslöschlich im Gedächtnis geblieben. Ersteres durch eigene

Anschauungen, die die ausführlichsten und sehr häufig sich wiederholenden Erzählungen meiner Eltern und deren Freunde erläuterten und ergänzten, und letzteres durch Liebkosungen, die jene Dame mir, als zehnjährigem Knaben, zu teil werden ließ. -

Außerordentlich fest haften oft Erinnerungen aus der Kindheit, zumal wenn sie von Zeit zu Zeit aufgefrischt werden, neue Nahrung erhalten. So erging und ergeht es mir mit denen an Lola. -

Obgleich mehr als ein halbes Jahrhundert seitdem vergangen ist, so entsinne ich mich doch noch deutlich des Augenblicks, in welchem, während der Geburtstag meines Vaters durch ein Familiendiner im Elternhause gefeiert wurde, ein Lakai Sr. Durchlaucht, unseres regierenden Fürsten, in unsere Essstube trat und meinem Onkel Hannibal meldete:

„Se. Durchlaucht, der gnädigste Fürst, lassen den Herrn Oberstallmeister bitten, sofort bei Höchstdemselben zu erscheinen."

„Was ist denn da los?" hatte hierauf fast die ganze Tafelrunde gerufen, die, außer meinen Eltern, uns größeren Kindern und Onkel Hannibal, noch der fürstliche Oberforstmeister, die drei fürstlichen Offiziere und der fürstliche Domänenrat samt Gemahlinnen bildeten.

Da unser Haus - ein fürstliches Gebäude - dicht neben dem Schlosse lag und der Fürst seine Beamten öfter auf Momente rufen ließ, so sollte mit dem Weiteressen gewartet werden, bis der Onkel wiederkehre.

Wir Kinder hatten längst die Geduld verloren, das Gesicht meiner Mutter war immer länger, die Unterhaltung immer schleppender geworden, als mein Vater, nach wiederholt vergeblichem Ausschauen nach dem Schlosse hin, erklärte: „Wir wollen weiter essen".

Ob die dann folgenden Gerichte verdorben waren, das weiß ich nicht mehr, wohl aber, dass, als die Herren in Vaters Stube rauchten, ich auf dem Knie eines der Offiziere ritt, Onkel Hannibal ganz erregt hier eintrat, der Offizier mich von seinem Knie gleiten ließ und alles gespannt auf den Onkel sah, der, sich den Schweiß von der Stirne trocknend, hastig berichtete:

„Ich musste Relais zur Eisenbahn legen, das Nötigste für Hoffourier, Kastellan, Beschließer, Leibkoch u. s. w. anordnen. Der Fürst erhält Besuch, erwartet eine Dame, die er in London kennen gelernt und die sich soeben angemeldet hat. Morgen kommt sie in Leipzig an, muss dort abgeholt werden."

„Was?" riefen mehrere Stimmen. „Serenissimus" - der Fürst war unvermählt - „ladet sich Damen hierher ein? Wer ist sie denn?"

„Er hat es mir nicht gesagt", erwiderte der Onkel, „aber der Adjutant, der mit in London war, vermutet, dass es eine Künstlerin, Spanierin oder Kreolin ist."

Andern Tags - es waren Hundstagsferien, ich deshalb in der Lage, meiner Passion, mich auf der Schlosswache, im Marstall, dem fürstlichen Kammergut, Küchengarten, Park usw. herumzutreiben, nach Herzenslust nachkommen zu können - ging es außerordentlich lebhaft in der sonst so stillen Umgebung des Schlosses zu. Langheinrich, der alte Parkwärter, hatte mindestens vier Gehilfen angestellt, um die Rasenplätze, Boskets und Wege, die das Schloss umgaben, in die peinlichste Ordnung zu versetzen, und die alte Neumeistern musste mit ihrer gesamten Nachkommenschaft das letzte Grashälmchen aus dem Pflaster des Schlosshofes zupfen. Der Herr Hofgärtner leitete persönlich die Aufstellung von Orange-, Palmen- und anderen Bäumen, um dem Schlossbrunnen, der zugleich Fischkasten war und in der Mitte des Schlosshofes stand, sein profanes Aussehen zu benehmen. Das fürstliche Hauspersonal jagte, unter Führung von Monsieur Louis, des französischen Kammerdieners, treppauf, treppab; sonst stets verhängte Fenster riss man auf; die vom Dach des Schlosses wehende Fahne, das Zeichen der Anwesenheit Sr. Durchlaucht, die von Regen, Sonne und Wind stark gelitten hatte, wurde durch eine ganz neue, prächtig in den Landesfarben glänzende ersetzt; das Parkett im Gartensaal frisch gebürstet, die von hier in den Park führende große Freitreppe mit Läufern belegt und an dem Hauptportal des Schlosses eine grüne Girlande befestigt. Der Hofküchenmeister, heute in besonders glänzendes Weiß gekleidet, rumorte lauter als je in seinem Reich, und der Doppelposten vor dem Schloss trug die Tschakos ohne

Überzug, mit dem großen Busch, die weißen, dunkel ausgeschlagenen Fracks, weißen Beinkleider, hohen schwarzen Gamaschen erster Garnitur. Auch im Marstall, dessen Pferde zum größten Teil auf der Landstraße nach Leipzig verteilt waren, in der Wagenremise, der Geschirr- und Sattelkammer gab es alle Hände voll zu tun. Alles lief eiligst durcheinander.

All das machte mir riesigen Spaß, hier und da half ich sogar durch Handlangen mit, meist allerdings nur durch Zusehen, wobei mir wieder Türk, Sr. Durchlaucht prächtiger, hellgelber Bernhardinerhund, als treuer Begleiter half. Demzufolge kam ich zu spät zum Mittagessen. Dafür erhielt ich eine Strafpredigt und kein Kompott, was mich aber, der großen Veranlassung wegen, nicht weiter tangierte.

Nach Onkel Hannibals Angabe sollte Sr. Durchlaucht Besuch in „unserer Residenz" gegen 4 Uhr ankommen. (Nach unserm Lehrer war es ein Marktflecken, unsere Residenz)

Gleich nach beendetem Essen stürzten wir Kinder, da uns das Ausgehen bis auf weiteres verboten war, an die nach dem Schloss zu liegenden Fenster, zankten und schubsten uns um die besten Plätze und drückten dann erwartungsvoll die Nasen an die Scheiben. -

Unser Haus bildete mit dem gegenüberliegenden Rentmeisterhaus die kurzen Seiten des rechteckigen Schlossplatzes, dessen eine lange Seite das Schloss, die andere die Heerstraße darstellte. Diese hier verbreiterte, auf beiden Seiten von Wiesenflächen begrenzte Straße bildete den eigentlichen Schlossplatz, von dessen Mitte aus ein breiter Weg senkrecht zum Schlosstor führte. Auf diesem Platz war selten - die vierteljährlich sich wiederholenden Jahrmarkts- und jährlich wiederkehrenden Vogelschießtage ausgenommen - etwas zu sehen. Auch an diesem Tage nicht.

Platz vor dem Schloss Ebersdorf mit dem Elternhaus des Verfassers

Der täglich nachmittags 3 Uhr ankommende rote Thurn- und Taxissche Postwagen hatte bereits den Platz - diesmal mit einer Beichaise - passiert und Rentmeisters weißer Spitz Fips, der sich mit unserm Hühnerhund Tell das übliche Rendezvous gegeben, ihn wieder verlassen. Der Platz war und blieb leer, nur durch die beiden Soldaten belebt, die, trotz ihres Paradeanzuges, gelangweilt und gleichgültig vor dem geschmückten Schlosstor auf- und abschritten.

Da endlich erschien Onkel Hannibal. Im Hut mit weißem Federbusch, in silbergesticktem blauen Frack mit Achselschnüren und großen Epauletten, weißledernen Beinkleidern, hohen Stulpenstiefeln mit goldenen Sporen und einem Pallasch an der Seite; so stolzierte er an unsern Fenstern vorbei, freundlich nach uns grüßend, und verschwand im Schloss. Ihm folgte der Oberforstmeister, ebenfalls in großer Uniform, grün mit viel Gold, Hut mit schwarzem Federbusch, den Hirschfänger an goldenem Gehänge, dann, von der anderen Seite des Platzes her, das

Offizierkorps in Gala. Vor diesem trat die Wache ins Gewehr und präsentierte.

Kurz daraus erschien Se. Durchlaucht der Fürst auf dem Balkon, der das Schlosstor überdachte. Auch er hatte große Uniform angelegt, den Federhut auf dem Kopfe, glänzende Orden auf der Brust des weißen goldgestickten Frackes. Er sah prächtig aus, schien aber ungeduldig zu sein. -

Für 5 Uhr war die gesamte Hofgesellschaft, einschließlich der Damen, zur Tafel befohlen worden, wobei die Herren in Hofuniform, die Damen in großer Toilette zu erscheinen hatten. Hierdurch war in unser sonst so friedliches Haus große Unruhe gekommen. Weniger durch Fragen der Toilette, denn diese musste stets zur Hand sein, als infolge der Sorge, Angst und Tränen meiner Mutter, einer „zweifelhaften Person" - wie sie sich ausdrückte - gegenüber die Unbefangene spielen, ihr womöglich den Hof machen zu müssen. Mein Vater hatte all seine Überredungskunst aufzubieten, sprach von Brotessen, Liedsingen und ähnlichem, um die Mutter davon abzuhalten, sich krank zu melden.

Wir hörten eben noch solch einer Rede und Gegenrede aufmerksam zu, als Jägers-Karl, des Fürsten Leibhusar, in roter, gelbverschnürter Attila, die Pelzmütze im Nacken, im gestreckten Galopp um das Rentmeisterhaus gesaust kam und auf das Schlosstor zujagte.

Kaum war er dort verschwunden, als der Fürst, begleitet von seinem Flügeladjutanten, einem Major, dann Onkel Hannibal, der Oberforstmeister und die Offiziere im Schlossportal erschienen, die Wache wieder ins Gewehr trat, diesmal unter Trommelwirbel präsentierte, und ein vierspänniger Hofreisewagen im schlanken Trabe hinter dem Rentmeisterhaus hervorkam.

Das Rentmeisterhaus

Der Fürst schritt nach der Mitte des Schlossplatzes zu, wo der Vierspänner auf sein Zeichen parierte, der vom Bock gesprungene Diener den Schlag des Wagens öffnete, und aus diesem, noch bevor Se. Durchlaucht ganz nahe gekommen war, eine große schwarze Dame sprang, die auf den Fürsten zueilte, ihm die Hand bot, die dieser zu küssen schien, was wir indes nicht genau zu erkennen vermochten, später oft behauptet, ebenso oft bestritten wurde. Jedenfalls verneigte sich Se. Durchlaucht tief, bot hieraus der Dame den Arm, stellte ihr die Herren seines Gefolges vor und führte sie dann dem Schlosse zu.

Vor diesem trennte sich die Dame vom Arm des Fürsten, eilte auf die zwölf Mann der Wache zu und schritt langsam deren Front ab, dabei beständig einen riesigen Fächer auf- und zuklappend. Sie schien hierauf eine Kritik abzuhalten, denn es verging noch einige Zeit, bevor sie den Arm des Fürsten wieder nahm und in das Schloss trat. -

Nachdem unsere Eltern sich später auch dahin begeben hatten, Vater in goldgesticktem dunkelblauen Frack, federverbrämtem Hut und Degen, Mutter in heller, langschleppender Atlasrobe, Federn und Perlen im Haar, sollten wir Kinder unter Führung unserer französischen Gouvernante einen Spaziergang unternehmen. Unter irgend einem Vorwand drückte ich mich hiervon und eilte in den Marstall, wo ich vom Jägers-Karl oder dem Leibburschen Märker, welcher den mysteriösen Besuch Sr. Durchlaucht von Leipzig abgeholt hatte, etwas Näheres erfahren zu können hoffte.

Die Dame müsse eine ausländische Prinzessin sein, hieß es, denn sie verstehe kein Deutsch und habe „Schrullien". (Mit „Schrullien" wurden Eigentümlichkeiten Sr. Durchlaucht bezeichnet.) So hätte ihr großer Koffer durchaus mit in dem Wagen untergebracht werden müssen, ebenso die Schloss-Christel, obgleich diese Ordre hatte, mit dem Gepäck besonders zu fahren. Auf der ganzen Fahrt habe die Prinzeß Papierzigarren geraucht, die sie sich selbst gedreht hätte, sich immer mit der Schloss-Christel, Märker oder Herold, dem Diener, unterhalten wollen, man habe sie aber nicht verstanden, schließlich hätte sich Herold mit der Christel in den Wagen setzen müssen und sie wäre zu Märker aus den Bock gestiegen. Hier hätte sie „partout" kutschieren wollen, Märker ihr aber die Zügel nicht gegeben, da er gerade die jüngsten, noch nicht ganz eingefahrenen Pferde im Gespann gehabt. Da habe ihn die Dame mehrmals mit dem Fächer stark ins Gesicht geschlagen und sich wieder in den Wagen gesetzt. Als sie auf dem letzten Relais den Jägers-Karl gesehen - er hatte nur von da ab vorzureiten -, hätte sie „wie toll" gelacht und in die Hände geklatscht. Überhaupt sei sie immer sehr „fidel" gewesen und „riesig splendid". So habe sie einmal einem Bettler gleich mehrere Taler in den Hut geworfen.

Das war alles, was ich erfuhr. -

Als wir an jenem bewegten Tag zu Bette gebracht waren, vermochte ich durch lange Zeit nicht einzuschlafen, hörte noch unsere Eltern nach Hause kommen, konnte aber nicht verstehen,

19

was sie in der Nebenstube sprachen, und wagte mich nicht zu rühren, als ich der Mutter Gutenachtkuss erhielt. -

Heinrich 72. Reuß zu Lobenstein und Ebersdorf (1797 - 1853)

Viel später erst erfuhr ich, dass Lola Montez - denn diese war es, die unsern Fürsten zu besuchen gekommen war - am ersten Abend ihrer Anwesenheit wohl als grande dame, aber mit der bestrickendsten Liebenswürdigkeit und Bescheidenheit aufgetreten war und besonders den Damen gegenüber sich äußerst höflich und zurückhaltend benommen hatte. Unter anderem hatte sie diesen auch mitgeteilt - alles in französischer Sprache - dass Son Altesse le prince[1] sie eigentlich mehr pour plaisanter als avec chaleur[2] aufgefordert habe, sich einmal das Leben an einem kleinen deutschen Fürstenhof anzusehen, dass sie aber trop curieuse et interessee[3] gewesen wäre, um sich diese bonne chance, etwas Neues kennen zu lernen, entgehen

---

[1]   Seine Hoheit der Fürst
[2]   mehr im Scherz als mit Wärme
[3]   auch neugierig und interessiert

zu lassen, und dass man nun bonne mine au mauvais jeu[4] machen müsse. Im übrigen sei sie enchantée von diesem cbarmant petit pays[5], hatte sie geäußert und bei der Verabschiedung allen älteren Damen - zu denen sich in diesem Falle meine damals neunundzwanzigjährige Mutter mitrechnete - sehr graziös und devot die Hand geküsst. Schön wäre sie eigentlich weniger als pikant, ihre Augen zu groß und zu glühend, ihr Teint ja gelb und ihre Toilette - „nein, schweigen wir lieber hierüber" - hieß es. -

Lola Montez

---

Gartenseite des
Schlosses

Am folgenden Tage hatte ich kaum meine Milch getrunken, als
ich mich aufmachte, das Schloss zu umkreisen. Ich hätte die
fremde Dame gar zu gerne gesehen, wäre es auch nur auf einen
Augenblick an ihren Fenstern gewesen, die, wie ich wusste, in
der Gartensaalseite des Schlosses lagen.

Es sollte mir nicht gelingen, dagegen erfuhr ich im Stall, dass
um 10 Uhr Märker mit dem neuen Phaethon vorzufahren habe,
weil Durchlaucht mit seinem Gast spazieren fahren wolle.

Das bestimmte mich, mir meinen Freund Thuisko, des
Flügeladjutanten Sohn, zu holen und mit diesem dann zwischen
dem Rentmeister- und unserm Hause harmlos hin und her zu
bummeln.

Wir hatten unsern Weg noch nicht sehr oft zurückgelegt, als der Phaethon im Schlossportal erschien, kurz hieraus im scharfen Trab der Landstraße zufuhr, wo ich mit Thuisko stand, Front zum Wagen, unsere Strohhüte in der Hand.

Die Insassen des Wagens grüßten freundlich zurück, waren aber so rasch an uns vorbeigeflogen, dass ich von der, neben dem Fürsten sitzenden Dame nur zwei große, rabenschwarze Augen wahrnehmen konnte, die über den mächtigen Fächer wegleuchteten. -

Was die nächsten Tage brachten, ist mir nicht mehr erinnerlich, nur, dass ich meine Forschungsreisen in der Umgebung des Schlosses mit unermüdlichem Eifer fortsetzte, weiß ich, und dass es mir an einem Morgen glückte, gerade in dem Augenblicke vor der großen Freitreppe anzukommen, als Lola diese herabstieg.

Türk begleitete sie. Als dieser mich sah, kam er schweifwedelnd aus mich zugetrottet, leckte mir Hand und Gesicht und rieb sein zottiges Fell an meinem Arm.

"Ah, vous vous connaissez ?

„Oui Madame, c'est mon ami Turc."[6]

Das ungefähr waren die Worte, mit welchen die wohl zweistündige Unterhaltung, die ich mit Lola gehabt, begann.

Nachdem sie meinen Namen, mein Alter, was mein Vater sei und dergleichen mehr erfahren hatte, schlug sie mir vor, sie auf ihrem Morgenspaziergang zu begleiten, worauf ich begeistert einging, frug, wohin sie gehen wolle, und mit meiner gründlichen Kenntnis „unseres herrlichen Parkes" renommierte.

„Eh bien, conduisez moi"[7], sagte Lola, indem sie mich bei der Hand nahm.

---

6    "Ah, kennst du ihn?" - "Ja, Madame, das ist mein Freund Türk."
7    "Nun, führe mich."

Ich zeigte ihr nun all meine Lieblingsplätze. Über den „Küchengraben" mit seinem Wasserfall, unter die prächtigen Buchen, hinter denen Onkel Hannibals wohnten, die „große Allee" zum „Rondel" entlang, zur „Eremitage", in die „Fasanerie", bei

Die Eremitage

Hans, einem eingegatterten Zwölfender vorbei und schließlich in den „Küchengarten" führte ich sie. Wir unterhielten uns herrlich, spielten Fangen, Verstecken, jagten Eichhörnchen, ließen das Echo rufen, Türk Äste aus dem Wasser holen und neckten die Schwäne und Hirsche, wozu Lola Ruten von Haselnussstauden mit ihrem Dolch, den sie im Gürtel trug, abgeschnitten hatte. Im „Küchengarten" angekommen, dessen kleinster Teil nur seinem Namen entsprach, während der bedeutend größere aus einer prächtigen Orangerie, vielen Treibhäusern, Beeten und Rabatten bestand, in und aus welchen die seltensten Pflanzen gehegt wurden - eine Liebhaberei des Fürsten - machte es Lola Spaß, gerade die wertvollsten

Blumen sich auszusuchen, diese mit der Rute abzuschlagen. Sie entwickelte hierbei eine gewisse Geschicklichkeit, so dass nur selten die Stengel nur eingeknickt wurden, die Blumen meist sofort zur Erde fielen.

Diese Behandlung der uns Kindern wie Heiligtümer erscheinenden Pflanzen schnitt mir durchs Herz. Durch Bitten versuchte ich sie zu verhindern und, als das nicht gelang, sagte ich: „Mais, c'est défendu."[8]

Ein Feuerstrom aus Lolas Augen antwortete mir. „Qu'est ce que ca m'importe!" rief sie aus. „Il me fait plaisir - ramassez!"[9]

Ich kam dem Befehl nach, las die auf der Erde liegenden Blumen, Blüten und Blätter auf, konnte mich aber nicht dazu entschließen, das nur Eingeknickte abzureißen. Als meine Hände nichts mehr fassen konnten, befahl Lola weiter: „Allons, sortir!"[10]

Sie kam mir jetzt gar nicht mehr nett vor, eine Art Grauen vor ihr beschlich mich, und heute erscheint sie mir als Dämon, von dem nur junonische Gestalt, bleiche Gesichtsfarbe, üppiges, bläulich-schwarzes, glänzendes Haar, große funkensprühende Augen in meinem Gedächtnis geblieben sind.

Die Fischerhütte im Schlosspark

---

[8]   "Aber, es ist verboten."
[9]   "Das ist mir egal" - Mir macht es Spaß - Einsammeln!"
[10]  "Los, nun komm schon."

Beim Verlassen des Gartens kamen wir am Marstall vorbei, Lola wünschte dessen Inneres zu sehen. Hier trat sie unerschrocken an die Pferde heran, ließ sich einzelne, die ihr besonders gefielen, auf die Stallgasse führen, wo sie Pluto, einem stolzen Rappen, das Leibross Sr. Durchlaucht, eigenhändig von den Blumen, die ich trug, in Mähne und Schweif flocht. Ich musste dann den Stallleuten verdolmetschen, die Blumen nicht zu entfernen, bevor sie der Fürst gesehen habe.

Hieraus gingen wir wieder zur Gartensaaltreppe, wo mich Lola verabschiedete. Dies geschah, indem sie mich unter Kosenamen hoch hob, an sich drückte, wiederholt küsste.

Als ich ihr dann den Rest der Blumen übergeben wollte, sagte sie: „Les conserves en souvenir de notre promenade".[11]

Nach Hause gekommen, konnte ich nicht genug erzählen; jedes Wort, das Lola gesprochen, hatte ich zu wiederholen, und mit einer gewissen Scheu steckte Mutter meine Souvenirs ins Wasser, während Vater äußerte:

„Wenn euch und uns das nur gut bekommt. Ihr kennt doch des Fürsten Vorliebe für Blumen. - Du bist aber auch ein Teufelsbengel, was hast Du Dich nur immer herumzutreiben?!"

Infolgedessen sah ich mich schon von Sr. Durchlaucht eigenhändig bestraft, obgleich ich mir nichts Unrechtes bewusst war.

Meine Blumen prangten und dufteten noch in einer Vase, und ich war eben dabei, die Details ihrer Geschichte Ökonomierats Klärchen zu wiederholen, als das Rollen eines Wagens uns an das Fenster rief.

Der Fürst im neuen Phaethon sauste vorüber, meinen Vater neben sich. Der Wagen verschwand im Schlossportal.

Da musste etwas Besonderes vorgefallen sein, denn Se. Durchlaucht war am Morgen - jetzt war es kaum ein Uhr vorbei - mit Lola zur Seite, in entgegengesetzter Richtung vorüber gefahren, um sich nach dem Jagdschloss Jägerlust[12] zu

---

11    "Behalte sie zur Erinnerung an unseren Spaziergang!"
12    gemeint ist das Jagdschloss Weidmannsheil

begeben, wo zu Ehren seines Besuches eine fête champêtre[13] arrangiert worden war.

Zu diesem Fest waren wieder alle Mitglieder der Hofgesellschaft, an zwanzig Personen, befohlen worden, demzufolge meine Eltern nicht daheim und ich nicht gehindert – auf Mademoiselle Verrier's Vorstellungen legte ich keinen Wert - mich sofort zu erkundigen, was es gegeben. Ich wanderte demnach in Klärchens Begleitung alsbald zum Marstall.

Auf dem Weg dorthin mussten wir das hintere Schlossthor passieren. Hier sahen wir Märker mit dem leeren Phaethon im Schlosshofe herumfahren. Er hatte demnach zu warten, um wahrscheinlich bald wieder wegzufahren.

„Durchlaucht hat gewiss was vergessen", meinte Klärchen.

„Warum nicht gar. Zu was würde er sich da meinen Vater mitgebracht haben", erwiderte ich und zerbrach mir den Kopf nach einer annehmbaren Lösung des Rätsels. Sollten meine mit Lola im Küchengarten begangenen Sünden hiermit zusammenhängen? - Das schien mir nicht unmöglich. In diesem Falle wäre mein Vater gleich mitgebracht worden, um mich vor des Fürsten Augen durchzuprügeln. Je mehr ich darüber nachdachte, desto sicherer schien mir die Sache. Ich schlug deshalb meiner Freundin vor, in die Kuhställe des Kammerguts zu gehen. Dort, meinte ich, würde mich niemand sobald finden. -

Wir hatten bereits sämtliche Ställe, in beständiger Angst vor einem Verfolger, abpatrouilliert, als mir einfiel, dass, wenn meine Vermutung richtig, man jedenfalls sofort nach des Fürsten Ankunft nach mir geschickt haben, noch wahrscheinlicher, Durchlaucht gleich vor unserm Hause vorgefahren sein würde, wie dies bei viel geringeren Anlässen oft geschehen war.

Diese Reflexionen bestimmten uns zu vorsichtigem Verlassen des Kammergutes. Als wir hierauf wieder am hintern Tor des Schlosshofes vorbeikamen, sahen wir den Phaethon nicht mehr auf ihm kreisen. Durchlaucht musste demnach wieder mit meinem Vater davongefahren sein.

---

[13]    Gartenfest

Erleichterten Herzens sprangen wir nach der Schlossseite zu, auf der sich der Gartensaal befand, um wieder in mein Elternhaus zu gelangen. Hier um die Ecke biegend, hätten wir bei einem Haare Se. Durchlaucht angerannt. Zum Tode erschrocken prallten wir zurück und vergaßen zu grüßen.

Ganz gegen seine Gewohnheit, denn der Fürst hatte stets, wenn er uns Kindern begegnete, ein freundliches Wort für uns, ging er diesmal ernst, finster, stumm, ohne uns anzusehen weiter.

Das ließ mein Herz von neuem angstvoll pochen. Erst nachdem ich daheim erfahren, dass nicht nach mir gefragt worden und unser Vater wieder fortgefahren war, fand ich meine Ruhe wieder und wurde - eingedenk der überstandenen Angst - so zahm, dass ich Mademoiselle versprach, ihr heute nicht mehr fortzulaufen, sie vielmehr mit den übrigen Kindern in den Garten zu begleiten.

Dieser lag hinter dem Hause, dicht an der Landstraße. Wir hatten hier eine Zeitlang gespielt, als sich wieder ein Wagen hören ließ, der sehr rasch näher kam. In solchem Tempo fuhr nur Märker, und richtig, er war es auch. Diesmal kutschierte er Lola, an deren Seite mein Vater saß.

Da schlug Mademoiselle Verrier vor, in die Essstube zu gehen. -

Damals begrüßte ich hierin eine mir geltende Rücksichtnahme, heute vermute ich, dass es nur Neugierde unserer Gouvernante war, die sich von den Essstubenfenstern aus persönlich Aufklärung verschaffen wollte über die so eigentümlich erfolgte Rückkehr des Fürsten, Lolas und meines Vaters. -

Den Schlossplatz hatten zunächst einige fürstliche Wagen mit den aus Jägerlust zurückkehrenden Gästen passiert, dann waren im Schlosstor zwei Pferdeköpfe erschienen, die sich von Zeit zu Zeit auf und nieder, aber nicht vorwärts bewegten.

Was mochte das wieder zu bedeuten haben? Sollte Durchlaucht noch einmal ausfahren wollen? Die Köpfe gehörten aber zu braunen Pferden; der Fürst fuhr nur Rappen. Auch war es ein Vierspänner, der in der Schlosseinfahrt hielt, denn nur bei einem solchen ragten die Köpfe der Vorderpferde über das Tor hinaus, wenn der Wagen vor der Innentreppe hielt, und für gewöhnlich wurde zweispännig gefahren. Was konnte das nur sein?

„Certainement une caprice de Son Altesse"[14], meinte Mademoiselle. -

Es war mehr als ein munterer Einfall, was die Französin doch wohl mit „caprice" ausdrücken wollte. Es war die Ausführung eines reiflich überlegten, unwiderruflich gefaßten Entschlusses Sr. Durchlaucht. -

Es mochte 7 Uhr geworden sein, als endlich vier Pferde aus dem Schloss traten, diesen ein großer geschlossener Reisewagen mit aufgeschnallten Koffern folgte. Auf dem Bock neben dem Kutscher saß Monsieur Louis, und aus einem der Fenster lachte, mit dem Fächer lebhaft nach unserm Hause grüßend, Lola. Sie reiste ab! -

Als der Wagen hinter dem Rentmeisterhaus verschwunden war, soll ich Tränen im Auge gehabt haben. -

Noch am Abend desselben Tages hörte ich Bruchstücke der Geschichte, die mein Vater später oft im Freundeskreis und in meiner Gegenwart erzählte. Sie schilderten die Schlussszene des ersten Aktes von Lolas erstem in Deutschland gegebenen Schauspiel.

Man war in Jägerlust, dem anderthalb Stunden entfernten, von Sr. Durchlaucht erbauten und besonders geliebten Jagdschloss, angekommen, nachdem ein Teil des Weges, über den reizenden „Fürstenstein"[15] und durch das liebliche „Aalthal"[16], zu Fuße zurückgelegt worden war; hatte die Räume des einem Schmuckkästchen gleichenden Schlösschens bis zur Zinne des Turmes besichtigt - alles unter persönlicher Führung des Fürsten - und sich dann unter prächtigen Eichen- und Lindenbäumen an langer Tafel niedergelassen, um ein déjeuner à la fourchette[17]

---

[14]   "Sicherlich eine Laune Sr. Hohheit."
[15]   gemeint ist der Heinrichstein
[16]   gemeint ist das Saaletal
[17]   Gabelfrühstück

Auf dem Heinrichstein

einzunehmen. Hier angekommen war Serenissimus mit seinen Gästen durch eine Waldhornfanfare begrüßt worden, die von einem Schirm aus Tannengrün her ertönte, hinter welchem die vereinte Kapelle der Forst- und Bergleute von Jägerlust und seiner Umgebung postiert war. Dieses Musikkorps bestand nicht durchweg aus Virtuosen, tat aber sein Bestes, um die Herrschaften auch während des Mahles mit seinen Leistungen zu erfreuen.

Bei jedem nicht ganz reinen Ton, der von der Baumwand herüberklang, schnitt Lola, die rechts vom Fürsten saß, ein Gesicht, als ob ihr ein Zahn gezogen würde, und als sie merkte, dass dies Durchlaucht unangenehm berührte, fügte sie ihren Grimassen auch noch pfeifende Töne hinzu. Als dann später - das Frühstück war noch nicht beendet - aus den Kronen der Eichen und Linden Gesang erschallte, die vaterländische Volkshymne, sprang sie entsetzt von ihrem Stuhl aus, hielt sich die Ohren zu und schrie: „Fi donc, fi donc, c'est horrible, chassez cette canaille!"[18]

Das empörte den Fürsten dermaßen, dass er auch von seinem Sitz sprang, den unsichtbaren Sängern - es war meist Schuljugend - zurief, sich zu entfernen, und, um Lola aus ihren Platz zurückzuführen, deren linkes Handgelenk erfasste.

Das schien die stolze Schöne wohl falsch verstanden zu haben, denn einen Moment ruhte ihre freie Hand aus dem Griff ihres Dolches; dann verbeugte sie sich aber lächelnd und setzte sich wieder an Durchlauchts Seite.

Als hierauf die Sänger und Sängerinnen von den Bäumen rutschten, lachte Lola hell auf und hetzte Türk, der sich sehr an sie attachiert hatte, auf einen halbwüchsigen Burschen.

Mit zwei gewaltigen Sätzen hatte der mächtige Hund den unglücklichen Sänger erreicht, umgeworfen, ihm die Vorderpfoten auf die Brust gestellt und das gewaltige, blendende Gebiss gezeigt. Das ließ den armen Teufel verzweifelt brüllen und den Fürsten selbst zur Hilfe eilen.

Er fasste Türk am Halsband, riss ihn zurück und rief Lola wütend zu: „Que cela ne vous arrive plus, Madame - ici, moi je suis le maitre!"[19]

„Et moi", höhnte Lola zurück, „la maitresse!"[20]

Das überstieg die Geduld des Fürsten.

„Sich nicht stören lassen - bitte dringend", wandte er sich an seine übrigen Gäste und entfernte sich rasch in der Richtung des Stallgebäudes, wohin ihm alle Herren nacheilten.

Mit Ausnahme meines Vaters, den Durchlaucht bei sich behalten hatte, kehrten alle auf direkten Befehl des Fürsten sofort wieder zu den Damen zurück, deren Bestürzung durch den ebenfalls ganz bestimmt gegebenen Befehl Sr. Durchlaucht, das Fest solle programmgemäß fortgesetzt und zu Ende geführt werden, nicht behoben wurde.

---

[18]     "Pfui, pfui, das ist schrecklich, vertreiben Sie dieses Gesindel!"
[19]     "Sie erlauben sich zuviel. Madame. Hier bin ich der Herr!"
[20]     "Und ich bin die Mätresse!"

Erst nach und nach schwand diese Bestürzung infolge der originellen, humorvollen Art, mit der Lola sich entschuldigte und sich bemühte, die frühere Stimmung wieder herzustellen.

Nach dem Déjeuner zogen sich die Damen in die Gastzimmer des Kavalierhauses zurück, wo sie eine Siesta halten sollten. Nach dieser wurde eine längere Fahrt in die Jägerlust umgebenden, meist eingezäunten, sehr reich mit Wild bestandenen Wälder, deren Ruhe- und Aussichtspunkte unternommen. Auf einem der letzteren produzierte Lola einen spanischen Nationaltanz, zu dem sie die Melodie sang und der jüngste Leutnant ihren Partner abgeben musste.

Nach dieser Waldfahrt wurde im Jagdschloss diniert. - Mittlerweile hatte mein Vater Se. Durchlaucht nach dessen Residenzschloss begleiten und Rat schaffen müssen, wie Lola zu entfernen sei.

Aus dieser Fahrt erfuhr er, dass Lola eigentlich Tänzerin und vom Fürsten nie ernstlich eingeladen worden war. Er schlug daher vor, den ungebetenen Gast mit einem Empfehlungsschreiben an Reißiger, den damaligen Kapellmeister des Dresdner Hoftheaters und persönlichen Bekannten meines Vaters, zu adressieren.

„Süperb", hatte Durchlaucht hieraus geantwortet, „aber - heute noch muss sie außer Landes".

Mein Vater hatte dann einen Brief an Reißiger verfaßt - während dieser Zeit trieb ich mich mit Klärchen in den Ställen herum -, den er nebst einem zweiten, von Serenissimus eigenhändig versiegelten, an Mrs. James adressierten, Lola überreichte; und zwar in dem Augenblick, als man sich in Jägerlust von der Mittagstafel erhob. Bei dieser Übergabe hatte er eine diplomatische Rede gehalten, die mit den Worten schloss: „Son Altesse le prince désire que Madame quitte ses États encore aujourd'hui"[21].

---

21      "Seine Hoheit der Fürst wünscht, dass Madame noch heute sein Land verläßt."

Hierauf hatte Lola spöttisch lachend erwidert: „Il ne faut pas faire grande route[22]"; nach einem graziösen: á Dieu, mesdames, á Dieu messieurs"[23] meinen Vater in den ersten der vorgefahrenen Wagen gezogen; dessen Kutscher, Märker, zugerufen: „en avant, á la frontiere!"[24] und meinem Vater: „voilà, c'est moi qui enléve"[25].

Auf der dann folgenden Fahrt hatte sie viel Lustiges erzählt und, als sie beendet, meinen Vater ersucht, sie in ihre Gemächer zu begleiten.

Hier begann sie ihre bereits gepackten Koffer zu durchwühlen und übergab schließlich meinem Vater ein paar Kastagnetten mit den Worten: „Pour rappeler à la mémoire de mon séjour en votre bout d'Ètat"[26]. -

In Gesellschaft der Schloss-Christel und des Kammerdieners Louis, als Dolmetscher, ohne gold- und silberstrotzendes Cortége, ohne Vorreiter, ohne Leibkutscher, ohne Relais war Lola dann über Leipzig nach Dresden abgefahren.

Vier Tage im ganzen war sie bei uns gewesen, wo ihr weiterer, vielbewegter Lebensgang, bis zu seinem am 30. Juni 1861 in einem New Jorker Siechenhause eingetretenen Ende, mit dem regesten Interesse verfolgt wurde.

---

[22]    "Das ist keine weite Strecke."
[23]    Adieu meine Damen, adieu meine Herren."
[24]    "Vorwärts, zur Landesgrenze!"
[25]    "Ich entferne mich!"
[26]    "Zur Erinnerung an meinen Aufenthalt und den Abschied von Ihrem Land."

## „Aus dem Leben eines kleinen deutschen Fürsten" aus dem Buch „Charaktermasken" von Alfred Meißner

Im Jahre 1846 war der Fürst nach Berlin gegangen. Als er von dort zurückkehrte, brachte er eine junge Dame mit, schlank, von blassem Teint, mit rabenschwarzem Haar und tiefblauen Augen, die keine andere war als Lola Montez, die Kunstreiterin und Balletttänzerin, der es vorbehalten war, ein Jahr später in München eine so große Rolle zu spielen. Heinrich LXXII hatte sie entdeckt, zu seiner Geliebten erhoben, und führte sie in sein Waldschloss ein, stolz wie der Markgraf von Anspach, als er die Claiton auf sein Schloss bei Bayreuth brachte.

Da begann jene Epoche der Feste und Lustbarkeiten, die „tolle Zeit" von Ebersdorf und Lobenstein, welche den Major à la suite beinahe aufgerieben hätte. Die Pseudo-Spanierin brachte mit ihren exzentrischen Launen alle sieben Quadratmeilen in Aufregung; Abscheu und Entsetzen im Lager der Damen, eine süße Unruhe in den Herzen der jüngeren Männer erweckend. Die Art ihres Auftretens war jedoch von einem so unerhörten sans-géne[27], daß nur die tiefeingewurzelte Scheu vor dem Unwillen des Landesvaters bei dem älteren und auf Würde und Anstand sehenden Teil des Publikums die Stimme der Entrüstung zurückzudrängen vermochte.

Der schöne Dämon war kaum einige Tage im Schlosse, als der Fürst ihn schon fragte, ob er die Jagd liebe. Als Lola es bejahte, war Heinrich LXXII. hoch entzückt und schickte sogleich nach dem Hofmarschall.

„Habe mit Freuden vernommen," begann der Fürst, „dass ausgezeichnete Künstlerin, die bei mir zu Gaste, Freundin der Jagd. Also hören Sie! Morgen große Jagd — großes Treiben — sämtliches Militär dabei verwendet — Nachmittag zwischen fünf und sechs Bankett servieren beim Dreibrunnenplatz — Champagne frappé nicht vergessen — ".

---

[27]     Zwanglosigkeit

34

„Zu Befehl, Durchlaucht!"

Bei Bankett auch Konzert — ganze Kapelle!"
„Zu Befehl. Durchlaucht!"

„Und habe da neue Idee, ausgezeichneter Künstlerin würdig — Orchester soll unsichtbar sein! Konzert — wie von gefiederten Waldbewohnern! Jeder Musiker klettert auf Baum — nimmt Platz mit Notenblatt auf Ästen — möglichst verborgen — wie ich herantrete mit ausgezeichneter Künstlerin — symphonischer Empfang!"

LOLA MONTEZ.

„Eine originelle Idee, Durchlaucht! Höchst originelle Idee. Nur gebe ich zu bedenken, das es vielleicht — von der Schwierigkeit einer präzisen musikalischen Exekution ganz abgesehen — für fürstliche Hofkapellisten etwas Demütigendes haben könnte, auf die Bäume hinaufzuklettern."

„Demütigendes?" brauste der Fürst auf. „Demütigendes? Hofkapellisten, Leute in meinem Dienst ausgezeichneter Artistin huldigen, demütigend?
 Wo ist Ihr Kopf, Baron? Wo ist Ihr Kopf? Moderne Ideen? Menschenrechte? He?"

„Es war eine einfache Bemerkung, Durchlaucht!" . .

„Will keine Bemerkung! Will Konzert, Musiker unsichtbar! Leute auf Bäumen! Bleibt, wie ich gesagt! Echte Waldmusik! Will's! Verstanden?"

Der Hofmarschall entfernte sich mit den tiefsten Bücklingen, um das Fest nach den erhaltenen Andeutungen zu organisieren.

Am andern Tage fand die Jagd statt. Lola, die das schönste Pferd des fürstlichen Marstalls ritt, setzte tollkühn über Gräben und Hecken, zeigte sich als gewandten Schützen und erntete alle Ehren des Tages. Mehrere Hirsche und Wildschweine hatte sie mit eigener Hand erlegt. Triumphierend nahm sie der Fürst an seinen Arm und führte sie, als die Stunde des Banketts schlug, unter die Eichen des Dreibrunnenplatzes, und schon tönte der Jagdgesellschaft aus der Höhe der Lüfte das Konzert der vogelgleich postierten Musiker entgegen.
Neugierig sah sich die schöne Spanierin um, woher die Klänge kämen, und brach, da sie deren Ursprung erspäht, in ein schallendes Gelächter aus.

„Was lachen Sie. schöne Lola?" fragte der Fürst gereizt.

„Über die barocke Idee, die Leute da hinaufzuschicken! Tolleres gibt's nicht! Allons donc, mon cher prince, faites descendre ces braves gens. [28]Sie werden uns sonst noch auf die Köpfe fallen!"

Stumm ließ es der Fürst geschehen, wie auf Ordre Lola's das Konzert unterbrochen wurde, hier der hagere Primgeiger mit zerrissenem Beinkleid herabklettert, dort der dicke Flötist, der

---

[28]    Lassen Sie, mein lieber Prinz, diese guten Leute herunter kommen.

nicht die geringste Anlage zur Turnkunst hatte, mit Gefahr seines Lebens an einem Seile herabgelassen wurde. Die originelle Idee, auf die er sich so viel eingebildet, war ins Wasser gefallen und er fühlte sich vor allen Hofleuten blamiert. „Prosaische Natur!" rief es in ihm; die schöne Spanierin hatte mit einem Male von dem Nimbus, der sie früher umgab, unendlich viel verloren ...

Doch der Zwiespalt ihrer Naturen sollte bei einer anderen Gelegenheit noch schärfer zu Tage kommen. Der Fürst führte, wenn er ausging, unausweichlich eine mächtige Dogge bei sich. Diese Dogge war die verkörperte persönliche Justiz. Sah der Fürst einen Contravenienten gegen seine Befehle, oder glaubte er ihn zu sehen — so genügte ein Pfiff und der Hund hatte mit einigen Sätzen seinen Mann an der Kehle — der Übeltäter war arretiert. — Diese Art der Justiz gefiel Lola nicht übel, und da sich

Schloss Weidmannsheil

allmählich zwischen dem Bewohner und der Bewohnerin des Schlosses Ebersdorf eine große Intimität ausgebildet hatte, nahm diese die Dogge nicht selten auf ihren Spaziergängen mit. Auf einer dieser Promenaden geschah es, dass sie bei dem Gruße eines vorübergehenden Bauers einen Mangel an Devotion wahrzunehmen glaubte. Ein Pfiff — und der arme Teufel hatte den Hund an der Kehle! Lachend erzählte die Spanierin bei ihrer Heimkehr ihre Tat dem Fürsten; dieser aber lachte nicht und runzelte die Stirne. Er fühlte die Sache als einen Eingriff in seine Souveränitätsrechte. »Hören Sie, meine Liebste," sagte er „dergleichen verbitte ich mir! Untertanenleben mir anvertraut von Gott – unverletzlich! Aufs Spiel gesetzt von Laune? Quod licet Jovi — doch was Latein! — Will sagen: was Fürst tun darf, darf Maitresse nicht wagen! Ist das deutsch? Verstanden?" — Es gab Streit und verstimmt trennten sich die Beiden. Ein paar Monate später trat Lola in München auf. –

## Auszug aus den 1851 erschienenen Memoiren von Lola Montez, veröffentlicht in der Zeitung „Gartenlaube"

Unter meinen vornehmen Londoner Bekanntschaften, die mir Lord Arbuthnot zuführte, befand sich außer dem Herzoge von Braunschweig noch ein anderer kleiner deutscher Fürst – der Fürst von Reuß-Ebersdorf. Als eines Tages die Rede auf Deutschland kam, und dass ich es noch nie bereist hätte, sagte er zu mir, wenn ich keinen Anstoß daran nähme, einen Junggesellen zu besuchen, würde es ihn freuen, mich in seiner Residenz Ebersdorf bei sich zu sehen. Ich hatte diese Einladung, wie erwähnt, vergessen; jetzt jedoch fiel sie mir ein, indem ich darüber nachsann, wie ich bis zu der besseren Theatersaison meine Zeit hinbringen sollte.

Der Fürst war mir durch seine Seltsamkeiten aufgefallen, die oft bis zu Verschrobenheiten ausarteten, eben dadurch aber auch interessant erschienen, und so durfte ich allenfalls hoffen, in seinem Umgange einige recht angenehme Tage zu verleben. Denn lange war ohne Zweifel nicht bei ihm auszuhalten. Ich beschloss daher, das „Junggesellenleben" eines deutschen Kleinfürsten, dessen Titel, Macht und Reichtum noch weit unter denen des Herzogs von Braunschweig standen, kennen zu lernen, und machte mich auf den Weg nach Ebersdorf, das ich auf der Landkarte nicht einmal aufzufinden gewusst hätte.

Ich fand mich in meiner Erwartung angenehm getäuscht, denn das Schloss des Fürsten war stattlicher, besonders jedoch komfortabler, die Umgebung freundlicher, als meine Phantasie sie mir ausgemalt hatte. Der Fürst empfing mich zwar mit etwas überraschter Miene über die Ungezwungenheit, mit der ich mich bei ihm einführte, indem ich gradewegs in das Schloss fuhr und den herbeieilenden Lakaien die Abpackung meines Wagens und Unterbringung meiner Sachen befahl; allein er ließ sich dadurch nicht aus der Rolle eines galanten Wirtes bringen und gab mir die Versicherung, es freue ihn, das ich mich seiner Einladung,

Schloss Ebersdorf

wenn auch erst etwas spät, erinnert hätte. „Zwar", fuhr er lachend fort, „widerstreitet es eigentlich meinen Prinzipien als unverheirateter Mann, eine junge Dame als Gast bei mir aufzunehmen, allein, da ich ein unabhängiger Selbstherrscher bin, will ich mich über die strengen Formen der Conversenz hinwegsetzen, und heiße Sie daher in meinem Reiche willkommen."

Ich musste unwillkürlich lachen, als ich den Selbstherrscher der Reußen – wenn auch nur sehr weniger – sich auf seine Prinzipien berufen hörte, denn ich erinnerte mich dabei, dass seine Prinzipien sein drittes Wort, sein wahres Steckenpferd waren, dass er daher spottweise der Prinzipienreiter genannt wurde. Lächeln entgegnete ich: „Mon prince, es ist sehr schmeichelhaft für mich, Sie zum Vergessen Ihrer Prinzipien zu bringen, indessen hoffe ich, dass Sie deshalb keine Revolution Ihrer Völkerschaften zu befürchten haben werden."

Er bot mir darauf mit vieler Galanterie seinen Arm und führte mich im ganzen Schlosse umher, mir alle Schönheiten und

Merkwürdigkeiten desselben zu zeigen. Dazu war eben keine lange Zeit erforderlich, und bald kehrten wir in den Gesellschaftssalon zurück, wo sich nach und nach eine ziemlich zahlreiche Herrengesellschaft einfand und eine muntere Unterhaltung entspann, welche bis zum Souper dauerte.

In gleicher Weise vergingen die nächsten Tage, und ich fand, dass ich mich in meiner Erwartung sehr getäuscht hatte; denn ungeachtet der Fürst sich fortwährend in Artigkeiten erschöpfte, erschien mir das Leben in seiner Residenz ziemlich langweilig, und er sprach so oft von seinen Prinzipien, dass auch dieser Gegenstand, der mich anfangs unterhalten hatte, mir bald zuwider wurde, zumal ich niemand hatte, mit dem ich über diese Schwäche des Fürsten spotten konnte, die zu einer Art von Idiosynkrasie ausgeartet war. So oft ich darüber gegen irgend einen der Kavaliere oder sonstigen Besucher des Schlosses eine spöttische Bemerkung machte, wurde mir ein so ernstes oder wohl gar missbilligendes Gesicht gezeigt, dass ich alle Lust verlor, den Scherz weiter fortzuspinnen.

Das Unangenehmste bei dem Aufenthalte in der Fürstlich Ebersdorfischen Residenz war indessen, dass mein Herr Wirt anfing, mir mit Freundlichkeiten zur Last zu fallen, zu deren Erwiderung ich keine Neigung verspürte. Ich sagte ihm unumwunden, dass dies gegen meine Prinzipien sei, allein er schien darauf nur wenig zu achten, und ich war genötigt, deutlicher zu sprechen. Dadurch entstand schon nach dem Verlauf von etwa acht Tagen zwischen uns eine solche Spannung, dass ich schon daran dachte, meinen Wanderstab wieder zu ergreifen. Da wurde ich eines Abends in hohem Grade überrascht, indem der Fürst in dem kleinen Abendzirkel, der diesmal ungemein heiter war, und in welchem er sich wirklich in einem glänzenden Lichte zeigte, zu den anwesenden Gästen sagte: „Meine Herren, ich bitte Sie, sich morgen zu einem

Residenz Ebersdorf

Frühstück, welches ich zu Ehren unserer bella Espagnole geben
werde, in dem Gartenpavillon einzufinden." Ich dankte dem
Fürsten durch einen freundlichen Blick für seine Aufmerksamkeit.

Am nächsten Morgen machte ich sehr sorgfältig Toilette und ging
in höchst aufgeweckter Laune zu dem Frühstück. Der Fürst war
die Liebenswürdigkeit selbst; der Champagner erhöhte die
fröhliche Stimmung aller Anwesenden, und ich fing an, zu finden,
dass der Fürst gar kein übler Mann sei. Da erhob er sein Glas
und sagte zu meinem nicht geringen Staunen: „Meine Herren,
trinken wir auf eine glückliche Reise meines schönen Gastes,
dem wir leider hier das Abschiedsmahl geben." „Comment!" rief
ich verwundert aus und sah den Fürsten an. Dieser schien meine
Frage nicht zu beachten, sondern fuhr, nachdem das Anstoßen
der Gläser verklungen war, fort: „Sennora Lola hat mich selbst
darauf aufmerksam gemacht, dass es unpassend und ganz

gegen meine Prinzipien der Schicklichkeit wäre, wenn sie noch hier zurückbliebe, nachdem ich mich gezwungen sehe, noch heute nach Berlin abzureisen, wohin mich der König von Preußen zu dem großen Manöver eingeladen hat, welches zu Ehren des Kaisers von Russland, der in den nächsten Tagen dort erwartet wird, abgehalten werden soll. – Sennora Lola wird uns daher verlassen, sobald unser kleines Mahl beendet ist, und ich selbst ihr eine Stunde später folgen."

Kaum hatte er diese Rede beendet, als mein Reisewagen, vollständig gepackt, an dem Gartensalon vorfuhr. Zugleich wendete sich der Fürst mit vieler Artigkeit zu mir und sagte: „Sennora, Sie äußerten vor einigen Tagen, das Ihnen nichts mehr zuwider sei, als die Vorbereitungen zu einer Reise. Ich habe Sie daher dieser Unannehmlichkeit durch meine Vorkehrungen überhoben, und Sie können abreisen, sobald Sie wollen. Ich hoffe, dass Sie mir erlauben werden, mich in Berlin, wo ich wahrscheinlich noch vor Ihnen anlange, nach Ihrem Wohlsein zu erkundigen." Zugleich stand er von seinem Sitze auf, so das Zeichen zum allgemeinen Aufbruch gebend. Ich nahm einen flüchtigen Abschied von ihm, bestieg meinen Wagen und rollte davon, innerlich erfüllt von Groll gegen den Prinzipienreiter, der sich mit allem Anscheine der größten Höflichkeit gegen mich eine abscheuliche Grobheit erlaubt hatte. Mir war, das konnte ich mir nicht verhehlen, auf eine höfliche Weise die Tür gewiesen worden, doch ich tröstete mich darüber mit dem Gedanken, dass ich meinem bisherigen Wirt bei seiner Verschrobenheit, die sich in allen Handlungen seines Lebens offenbarte, sein Benehmen im Grunde nicht so übel nehmen durfte.

44

## Auszug aus Otto Theodor Manteuffel „Unter Friedrich Wilhelm IV."

In den Lebenserinnerungen von Manteuffel wird der reußische Hofrat Dr. Jakob Eduard Singer erwähnt, der ebenfalls etwas zum Thema Lola Montez beisteuern kann:

Am 25. März 1847 teilte er (Singer) dem Fürsten Wittgenstein Details über die vielbesprochene Lola Montez mit. Dieselbe sei vor vier Jahren von dem Fürsten von Ebersdorf von London aus nach Deutschland gebracht worden: „Sie war vier Wochen in Ebersdorf, trank jeden Tag wenigstens vier Flaschen starken roten Wein und Champagner und lief, wenn sie etwas angetrunken war, sogar den männlichen Bedienten nach. Dann wollte sie die Hunde auf die Bauern hetzen. Daraufhin wurde sie schnell weggebracht (nach Dresden), schrie und wehrte sich dabei aber so sehr, dass sie von vier Mann in den Wagen gebracht werden musste!

Wie ist es nun wirklich gewesen, damals in Ebersdorf mit Lola Montez und Heinrich 72.? Die Antwort auf diese Frage ist nach der Lektüre der vier Berichte gewiss nicht leichter geworden. Wer will, kann sich darüber noch lange den Kopf zerbrechen. Vielleicht bewegt ihn dann sogar die Frage, die Eugen Roth dichterisch so formuliert hat - allerdings in Bezug auf Goethe und Frau von Stein:

> Ungern leuchten wir hinein,
>  in die Affäre Frau von Stein,
> wo sich die Welt den Kopf zerbricht:
> Hat er nun oder hat er nicht?

Zumindest in dieser Frage gab es für die Ebersdorfer damals keinen Zweifel. Dafür kannten sie ihren Fürsten Heinrich 72. zu gut als üblen Schürzenjäger und Erzeuger einer größeren Schar unehelicher Kinder. Dass er die fesche Lola in den wenigen Tagen ihres Ebersdorfer Aufenthaltes erobert hat, davon war man ohne weiteres überzeugt.

Und so machte in Ebersdorf bald die folgende Anekdote die Runde, die auch heute noch nichts von ihrem Charme eingebüßt hat:

> Heinrich 72. und Lola sitzen in vertrautem Tête-à-tête auf einer Bank im Fürstlichen Park. Heinrich flüstert ihr verliebt ins Ohr: "Oh Lola, du meine Einzige." Und Lola flüstert zurück: "Oh Heinrich, du mein Zweiundsiebzigster."